Niels Kjær

Årets hjul

Udvalgte haiku

Niels Kjær: Årets hjul. Udvalgte haiku
Anden reviderede og udvidede udgave
Copyright 2018 by Niels Kjær
Forlag: BoD – Books on Demand, København, Danmark
Fremstilling: BoD – Books on Demand GmbH – Norderstedt, Tyskland
ISBN 978-87-718-8211-7

*Kødets sansninger
og åndens syner fastholdt
som tegn i sproget*

En flaskesamler
og en spurv på arbejde
i nytårssneen

Nytårsdagens sne
er allerede snavset
af byens trafik

Anden januar –
juletræet fra i fjor
brutalt kasseret

Snefnug dansende
over de nøgne grave –
himlen er åben

Skålen i hånden –
en slurk af den grønne te –
vinterpoesi

Glasklar morgenluft –
lange skygger i sneen –
døvstumme livstegn

Råkold vinterregn –
sneen siver endeløst
ned i kloakken

Børnene synger
om boller og ballade
i vintermørke

Solen skinner koldt
på voldens nedtrådte græs –
fuglene fløjter

Syvtusind stjerner
i spredt orden på sort fløjl –
frostklar forårsnat

Blå martsvioler –
isblomsterne på ruden
smelter ved synet

Den kolde martssol
kalder erantisser frem
og mange minder

Forårets sødme
indfanger mig med længsel
efter nye savn

Troldetræet står
med vårgrønt løv i håret
fanget af lyset

Bøgenes blade
er i år anderledes
end jeg husker dem

Sammen vandrer vi
i majgrønne landskaber
med himlen til låns

Smørblomsten synger
om solens og hjertets guld,
om det første kys

Nattergalesang –
guldstjerne og løvetand
tier og lytter

Vender ryggen til
min skygge og drejer mig
mod den klare sol

Som Afrodite
stiger du op af havet
klædt i nøgen hud

Du flytter glasset
og tager min hånd og alt
er anderledes

Slipper lyset løs
for at fange din skygge
ved den gule gavl

Efter nattens kys
er hjerterne sårbare
som nyfødte børn

Skovstjernen lyser
i et gammelt cementrør
mellem granerne

Klædt i pinsesnit
går sommeren pludselig
gennem gaderne

Små hvide blade
stråler om den gule sol –
en duft af nektar

Natten er kortest
lige før jeg begynder
at plukke roser

To sommerfugle
flyver frit fra blomst til blomst
og mødes til sidst

Harmløse glæder –
at trække jordbær på strå
og samle på kys

Sol efter dagsregn –
jordbær med sød eftersmag
af din røde mund

Duften af din krop
i de krøllede lagner
skaber billeder

Solens første kys –
rosen på kisten drømmer
om svundne dage

Står ud af sengen
og vælger dagens rolle
i klædeskabet

Skovturen aflyst
på grund af bedrøvelig
og endeløs regn

Solen opdager
titusind diamanter
i det våde græs

Kirkeklokkerne
og solsortene kalder
fra hver deres kant

Jeg møder havet
og hilser på bølgerne
som skynder sig væk

Solen putter sig
under sin røde dyne
og slukker lyset

Vandrer lykkelig
rundt i gaderne på tværs
af Mælkevejen

Alle kan trænge
til et hvil – en pause på
udskiftningsbænken

Før den formørkes
stråler fuldmånen i nat
som Jupiters brud

Blodmånen hænger
som en gylden appelsin
på nattehimlen

Lynet rammer mig
i øjet før jeg hører
regnen mod taget

Sorte hyldebær
og røde bær af hvidtjørn –
nu hælder året

Efterårsmorgen –
lyden af kogende æg
i kasserollen

Aldrig har himlen
været så blå som i dag
i mine tanker

Basho vandrede
under høstmånens stråler –
jeg står bare her

Høstmånens øje
stirrer på mig som om jeg
er en døgnflue

Dagens nyheder
spredes for alle vinde –
borte med blæsten

I lys og mørke –
i storm og stille ruller
det evige hav

Smagen af sommer
rammer ganen i form af
æblebrændevin

Tolv vildgæs på træk
mens jeg venter alene
ved stoppestedet

De sprøde lyde
af et frosttørt, vissent blad
som trædes itu

Jord bliver til jord
for at nyt liv kan opstå –
forvandlingsunder

Farveløst landskab
med mindre grå, brun og sort
er en slags farver

Novembertåge –
dagens post er et tilbud
om jul i føtex

Den isnende blæst –
mine drømme strejfer om
i vintermørke

Et lys i mørket –
første søndag i advent
vågner de døde

Ud af den blå luft
opstår en glad forventning
om højtid og fest

Træet bæres hjem
og nålene stikker mig
gennem bælgvanten

Dejlig er jorden –
i nat er verden ladet
med Guds herlighed

Børnene sover –
vi to danser alene
resten af året